AF509807

LE LYCÉE ALBERT SARRAUT

HANOI-(TONKIN)

Vue panoramique du Lycée.

Façade du Lycée.

LE LYCÉE
ALBERT SARRAUT

HISTORIQUE

L'ENSEIGNEMENT secondaire a été organisé en Indochine pour la rentrée scolaire de septembre 1912. Le Collège Paul Bert du boulevard Dong-khanh fut pendant quelques années le seul établissement secondaire pour toutes les parties de l'Union indochinoise.

Dès 1912 la construction d'un Lycée avait été décidée. Au début de 1919 les services du Collège Paul Bert devenu en 1918 « Lycée de Hanoi » furent transférés à l'Avenue Brière-de-l'Isle et le nouvel établissement encore inachevé ouvrait cependant ses portes.

A la rentrée scolaire de 1923 le bâtiment de façade était complété, et le Lycée de Hanoi se présentait tel qu'il est aujourd'hui. Un arrêté du 23 juillet 1923 a donné au Lycée le nom de "Lycée Albert Sarraut".

Baie d'Along (A. Ponchin).

SITUATION

Le Lycée A. Sarraut est situé près du Palais du Gouvernement général. Aux abords du Grand lac et du Jardin botanique, il est orienté de façon à bénéficier des courants d'air frais, et a l'avantage de se trouver dans le quartier de la ville le plus paisible et le plus sain. Loin du mouvement et des bruits de la rue, les élèves y poursuivent leurs études dans les meilleures conditions climatériques, pour ainsi dire d'un bout à l'autre de l'année scolaire. Celle-ci va du 15 septembre au 15 juin.

Enseignement. — Le personnel enseignant est l'équivalent de celui d'un grand Lycée de France. Il se compose de professeurs agrégés et de professeurs licenciés.

Les résultats prouvent la solidité des études tant dans l'ordre littéraire que dans l'ordre scientifique. Le Lycée A. Sarraut, a en effet, obtenu en 1924 deux nominations au Concours général des Lycées de France et des Colonies : accessit de mathématiques et accessit de composition française Chaque année voit croître le nombre des élèves reçus aux divers examens du Baccalauréat.

Résultats des examens du Baccalauréat pour les cinq dernières années :

        1919-1920 .. .. 14 reçus
        1920-1921 .. .. 25 —
        1921-1922 .. .. 30 —
        1922-1923 .. .. 37 —
        1923-1924 .. .. 42 —

MATÉRIEL D'ENSEIGNEMENT

Le Lycée est muni de tous les laboratoires nécessaires aux travaux pratiques. Les cabinets de physique, de chimie et d'histoire naturelle possèdent des appareils, produits et spécimens en

nombre suffisant pour que l'enseignement scientifique soit
objectif et intéressant.

Le même soin a été apporté
à l'acquisition du matériel
d'histoire et géographie et de
celui requis pour les leçons de
choses des classes élémentaires.

La bibliothèque classique est
aussi complète que possible
et permet non seulement le prêt
des livres aux internes, mais
l'abonnement à la plupart des
externes.

La bibliothèque des professeurs possède tous les ouvrages
nécessaires à ces derniers pour

Baie d'Along.
(*Escalier d'honneur*).

la préparation de leurs classes et l'exécution de leurs travaux
personnels.

ÉDUCATION MORALE

L'Administration du Lycée, soucieuse du bon renom du grand
établissement secondaire français d'Extrême-Orient, se préoccupe
autant de la formation intellectuelle que de l'éducation morale des
enfants dont elle a la charge. Aussi la discipline, qui est ici ferme
et paternelle, comme en France, reste-t-elle l'objet d'une vigilance
continuelle. Ni oppressive, ni tracassière, elle fait toujours appel
aux bons sentiments des élèves. Il s'agit de former des caractères
autant que des esprits. Tous les maîtres s'efforcent de développer
chez les enfants les bonnes inclinations, de les habituer à l'obéis-
sance volontaire, à l'ordre, au travail régulier, à la politesse, au
sentiment de la responsabilité, au respect d'eux-mêmes et des
autres.

ÉDUCATION PHYSIQUE

Le Lycée ne se contente pas de pourvoir aux cours de gymnastique inscrits aux programmes. Il met à la portée des élèves les
jeux et les sports qui reposent l'esprit créent la camaraderie et
développent les sentiments de solidarité. Outre les cours de récréation, un vaste terrain de jeux a été mis à leur disposition où

sans contrainte ils peuvent s'adonner au ballon, au tennis, à tous les exercices sportifs. Ce stade scolaire est attenant au Lycée, et les enfants s'y rendent non seulement le jeudi et le dimanche, mais aux longues récréations de chaque jour à la fin des classes pour se détendre avant l'étude du soir.

HYGIÈNE

L'Administration assure aux internes un traitement qui ne le cède en rien à celui de la famille. La nourriture est saine, abondante et variée : le menu de chaque semaine, dressé par l'Économe, arrêté par le proviseur, vérifié par le médecin du Lycée, est affiché au parloir où les parents peuvent en prendre connaissance. Les réfectoires, où les repas ont une durée raisonnable, ont, outre tout le confort désirable, l'aspect gai et coquet d'une salle familiale.

Les salles de classes sont toutes munies de ventilateurs électriques.

Les dortoirs sont vastes et largement aérés : ils sont pourvus de lavabos distincts, où l'on veille matin et soir à ce que les enfants acquièrent des habitudes d'hygiène. D'ailleurs l'établissement possède des cabines de bains assez nombreuses pour que chaque interne ait chaque jour sa douche tiède ou froide selon la saison.

Le médecin du Lycée vient tous les jours, et l'infirmière européenne remplace autant que possible la mère auprès des plus jeunes enfants.

RAPPORT AVEC LES FAMILLES

Le Proviseur est en rapport direct avec les familles. Des renseignements précédents il ressort que l'on s'est efforcé de faire du Lycée une maison d'éducation intégrale, c'est-à-dire intellectuelle, morale et physique. Ce n'est donc pas un établissement où l'on envoie un enfant seulement « pour faire ses classes » : le Lycée continue la famille et prépare l'enfant à la vie sociale plus large. Le Proviseur est le mandataire des parents : entre ceux-ci et lui un lien doit s'établir dont l'enfant profitera, car il sera entouré de soins mieux éclairés. Plus l'entente entre les familles et le Lycée est suivie et confiante, plus l'éducation est profitable, plus la formation de l'esprit est sûre.

Le Proviseur et le Censeur reçoivent les familles tous les jours Les autres fonctionnaires les reçoivent au parloir à des jours et heures indiqués sur un tableau placé à l'entrée du Lycée.

Laboratoire de chimie.

II. — PLAN D'ÉTUDES

Tableau des divers enseignements

CLASSES PRIMAIRES

Les classes élémentaires du Lycée en principe sont ouvertes aux seuls Français. Pour y entrer, l'enfant doit avoir 6 ans au moins, savoir, lire et écrire

---

ENSEIGNEMENT SECONDAIRE (1ᵉʳ cycle).

Section classique :	Section moderne :
6ᵉ A, 5ᵉ A, 4ᵉ A, 3ᵉ A.	6ᵉ B, 5ᵉ B, 4ᵉ B, 3ᵉ B.
Français, Latin, Grec (à partir de la 4ᵉ) ; Sciences, Langues vivantes.	Français, Langues vivantes, Sciences.

ENSEIGNEMENT SECONDAIRE (2ᵉ cycle).

Sections :	Section D :
2ᵉ et 1ʳᵉ { A : Latin-grec / B : Latin-langues / C : Latin-sciences	2ᵉ et 1ᵉʳ { Sciences et langues vivantes

Philosophie — Mathématiques.

CONTRÔLE DU TRAVAIL

Les parents peuvent contrôler le travail et les progrès de leurs enfants à l'aide des notes et des renseignements portés sur les carnets hebdomadaires (classes primaires), sur les feuilles de quinzaine (classes secondaires) et sur les bulletins trimestriels.

RÉFORME SCOLAIRE

Elle est observée rigoureusement et appliquée en même temps que dans les Lycées de France.

EXAMENS DE PASSAGE

L'attention des parents est attirée sur l'importance de ces examens.

A la fin de l'année scolaire, chaque professeur dresse pour chacune des matières de sa spécialité, la liste des élèves qui ne peuvent entrer dans la classe supérieure sans avoir subi avec succès un examen de passage. Il tient compte non seulement des résultats des compositions, mais encore des notes de devoirs et de leçons. Le Proviseur informe les familles des élèves qui se trouvent sur cette liste par un avis inscrit sur le dernier bulletin trimestriel, en indiquant d'une manière précise les matières sur lesquelles doit porter l'examen.

Salle de dessin.

Salle de gymnastique.

L'examen de passage a lieu à la rentrée de septembre ; ce sont les professeurs de la classe dans laquelle désire entrer l'élève qui le font subir ; ils se réunissent ensuite pour arrêter la liste des élèves admis à passer dans la classe supérieure. Le Proviseur informe les familles du résultat de l'examen. En ce qui concerne les classes préparant directement au Baccalauréat, le veto d'un des professeurs chargés de l'enseignement du français et du latin, des sciences ou des langues vivantes (B et D), est suffisant pour interdire l'accès de la classe supérieure à l'élève.

Aucun élève jugé insuffisant à la fin de l'année scolaire écoulée, n'est admis à la classe supérieure s'il n'a satisfait à l'examen de passage. Il est recommandé aux parents des élèves soumis à cet examen de surseoir à l'achat des livres.

EMPLOIS DU TEMPS

Une fois admis dans une classe, l'élève doit suivre tous les cours obligatoires. Tous les élèves prennent part aux leçons de gymnastique. à moins d'en être dispensés sur production d'un certificat médical.

Compositions. — Aucun élève ne peut être classé dans les compositions où la mémoire joue un rôle important s'il a été absent à l'une des classes pendant les trois jours non fériés qui ont précédé la composition, quelles que soient, d'ailleurs, les raisons de cette absence.

Une des fresques de A. Ponchin (*Les Sciences*).

III. — CATÉGORIES D'ÉLÈVES

Le Lycée reçoit quatre catégories d'élèves : 1° externes libres ; 2° externes surveillés ; 3° demi-pensionnaires ; 4° pensionnaires.

1° — *Les externes libres* assistent à tous les cours. Ils doivent apprendre leurs leçons et faire leurs devoirs chez eux.

2° — *Les externes surveillés* restent au Lycée pendant les heures d'études.

Ils sont admis de :
- 8 h. à midi en hiver,
- 7 h. 30 à midi en été,
- 13 h. à 19 h. en hiver (sauf le jeudi soir
- 14 h. à 19 h. en été,) et le dimanche.

Ils doivent, d'une manière générale, faire leurs devoirs et apprendre leurs leçons au Lycée.

3° — *Les demi-pensionnaires* sont admis de :
- les jours de classe 8 h. à 19 h. en hiver / 7 h. 30 à 19 h. en été.
- et les jeudis de : 8 h. (ou 7 h. 30 en été) à midi 30.

Ils sont gardés au Lycée dans l'intervalle des classes du matin et du soir. Ils prennent le repas de midi et le goûter de 16 heures au Lycée qu'ils ne quittent que le soir à 19 heures, après avoir fait leurs devoirs et appris leurs leçons pour le lendemain. Ils ont droit aux fournitures scolaires, au prêt des livres classiques et au couvert de table.

4° — *Les pensionnaires* vivent au Lycée. Ils sont logés et nourris. Ils ont droit aux soins ordinaires du docteur et du dentiste. La papeterie et les livres classiques leur sont fournis par le Lycée. Les atlas, cartons et instruments de dessin restent seuls à leur charge. Tout est compris dans la rétribution une fois payée, et aucune note supplémentaire ne peut être présentée aux familles que pour remèdes spéciaux prescrits par le docteur, pour dégradations commises par l'élève, ou pour fourniture demandée par les parents.

Cour de récréation.

IV. — FORMALITÉS D'ADMISSION

Le Lycée admet les Français et l'élite des indigènes. Il admet aussi les jeunes filles aptes aux études secondaires.

A. — ADMISSION DES FRANÇAIS

Formalités pour l'admission des élèves :

1. — Une demande d'admission sur papier libre.

Cette demande doit être adressée au Proviseur le 15 août au plus tard et indiquer :

Le régime demandé (externat libre ou surveillé ; demi-pension ou pension).

L'enseignement choisi (A. B. C. ou D.).

L'abonnement (ou non) aux livres classiques (pour les externes).

Le nom et l'adresse d'un correspondant responsable habitant Hanoi, lorsque la famille n'habite pas cette ville.

2. — L'acte ou bulletin de naissance.

3. — Un certificat d'aptitude physique et de vaccination récente.

4. — Des renseignements sur la scolarité antérieure (certificat, livret scolaire, bulletins trimestriels, diplômes ou copies de diplômes, etc.)

Une vue d'Angkor
(Escalier d'honneur).

B. — ADMISSION
DES INDIGÈNES

Les élèves indigènes ne sont admis au Lycée qu'à partir de la 6ᵉ.

Tout candidat à l'admission doit se faire inscrire avant le 15 août de chaque année et produire les pièces suivantes :

1. — Une demande d'admission sur papier timbré portant *l'engagement du père ou du tuteur de payer les frais d'études* et indiquant en outre :

Le régime demandé (externat libre ou surveillé ; demi-pension ou pension)

L'enseignement choisi (A. B. C. ou D.).

L'abonnement (ou non) aux livres classiques (pour les externes).

Le nom et l'adresse d'un correspondant responsable habitant Hanoi, lorsque la famille n'habite pas cette ville.

2. — L'acte de naissance ou de notoriété.

3. — Un certificat médical *avec photographie* constatant que l'élève a été récemment vacciné et n'est atteint d'aucune maladie contagieuse.

4. — Des renseignements sur la scolarité antérieure.

Seuls seront admis les candidats qui auront satisfait à l'examen d'entrée, écrit et oral, portant sur les matières de la classe inférieure à celle où l'élève doit entrer. L'examen a lieu au début de septembre, sur convocation du Proviseur, qui instruit les demandes.

L'article 69 du Statut organique du Lycée subordonne l'admission des élèves indigènes aux conditions d'âge suivantes :

Ils ne doivent pas dépasser (1ᵉʳ cycle).

6ᵉ A ou B	13 ans au	1ᵉʳ octobre
5ᵉ A ou B	14 ans	—
4ᵉ A ou B	15 ans	—
3ᵉ A ou B	17 ans	—

2ᵉ cycle :

2ᵉ	18 ans	—
1ʳᵉ	19 ans	—
Philosophie — Mathématiques..	20 ans	—

Une tolérance d'une année peut
être accordée par le Directeur de
l'Instruction publique sur la propo-
sition du Proviseur, en faveur,
des candidats particulièrement mé-
ritants.

C. — ADMISSION DES JEUNES FILLES

Les jeunes filles sont admises au
Lycée sous les réserves suivantes:

1° — Les classes élémentaires ne
sont ouvertes qu'aux fillettes des
fonctionnaires de l'établissement,
aux fillettes qui ont un frère au Lycée, et exceptionnellement aux fille￪-
tes des familles habitant aux abords
du Lycée.

Une vue du Palais de Hué
(Escalier d'honneur).

2° — Les jeunes filles qui se destinent aux études secondaires
sont admises en 6 sur production du certificat d'études primaires,
ou après avoir subi avec succès un examen d'entrée pour justifier
d'une préparation scolaire suffisante. La limite d'âge est fixée à
13 ans au plus pour l'admission en 6e.

3' – Sont admises de droit en 6ᵉ les fillettes venant de la 7° ou pro-
duisant un certificat de scolarité attestant qu'elles ont suivi cette
classe dans un établissement secondaire. Dans les deux cas, elles
doivent justifier qu'elles n'ont pas d'examen de passage à subir. Elles
déposent leurs livrets scolaires entre les mains de l'Administration.

4° — Pour toutes les autres classes secondaires, à partir de la
5°, il est exigé un certificat de scolarité attestant que l'élève a
suivi dans un établissement secondaire les cours de la classe directement inférieure à celle où elle désire entrer. Ce certificat
mentionnera toujours si l'élève est dispensée ou non de l'examen
de passage.

A défaut de scolarité régulière, les postulantes subiront un
examen d'entrée très sérieux.

RÉGIME

1. Externat simple. — 2. Externat surveillé. — 3. Demi-pension.

Le régime de la demi-pension est particulièrement recommandé
aux familles.

Tennis Court

Les demi-pensionnaires viennent au Lycée le matin à 7 h. 3o
(été) ou 8 h. (hiver). Elles en sortent le soir à 19 heures. Elles bé-
néficient des études de la matinée du jeudi. Les trajets aux heures
chaudes de la journée sont ainsi évités. Sans perte de temps, les
élèves passent de la classe au travail de l'étude, avec toutes les
récréations nécessaires au délassement de l'esprit. Non seulement
les causes de distraction si nombreuses à l'extérieur et à la maison
disparaissent pour le plus grand bien des études, mais la fatigue
d'une journée scolaire se trouve à ce régime sensiblement diminuée,
surtout au moment des fortes chaleurs.

SURVEILLANCE

Une maîtresse d'internat diplômée est chargée de la surveil-
lance constante des jeunes filles. Elle dirige leur travail en étude,
participe à leurs jeux et prend ses repas avec elles dans un réfectoire spécial. L'expérience des deux dernières années prouve que
rien ne laisse à désirer dans ce service.

D. — **ADMISSION DES ÉTRANGERS**

(Contribution à l'œuvre de propagande française en Extrême-Orient).

Le Lycée Albert Sarraut reçoit des élèves étrangers. Ne son admis toutefois au titre étranger que les jeunes gens susceptibles de tirer profit de l'Enseignement secondaire français.

L'ENSEIGNEMENT SECONDAIRE

Notre enseignement secondaire a été souvent l'objet d'enquêtes officielles de la part des gouvernements étrangers. Les hommes éminents qui sont venus visiter nos établissements sont unanimes à reconnaître la valeur de nos maîtres et l'excellence de nos méthodes. Il n'existe pas ailleurs d'organisation scolaire secondaire comparable à la nôtre, c'est-à-dire ayant le même souci de défendre, contre l'utilitarisme régnant, les principes d'une culture désintéressée. A l'aide des humanités classiques ou modernes, au moyen aussi d'une forte initiation scientifique, les programmes secondaires concourent à une formation lente et durable de l'esprit. Ils permettent de sélectionner aussi judicieusement que possible les jeunes gens aptes à devenir l'élite intellectuelle du pays.

Aussi dans notre appel à l'étranger, nous adressons-nous de préférence à ceux qui visent plus haut qu'à la simple connaissance pratique de notre langue.

L'enseignement des Lycées aide à pénétrer le génie littéraire moral et civilisateur de la France, à apprécier son rôle dans le concert des nations contemporaines, à discerner les raisons profondes qui expliquent la nature de son expansion coloniale.

C'est cette intimité avec notre histoire et notre littérature, qu'en plus de la pratique de notre langue, les jeunes étrangers viennent rechercher dans nos établissements de France, où la camaraderie scolaire prépare la voie à la bonne entente de l'avenir. Le Lycée Albert Sarraut est assez fortement organisé aujourd'hui pour offrir les mêmes garanties et les mêmes avantages : il se trouve en outre à portée du monde du Pacifique.

Le présent prospectus contient les renseignements essentiels sur son fonctionnement. Le proviseur se tient à la disposition des intéressés pour fournir toute information complémentaire.

LA VIE A HANOI

Il n'est pas inutile de signaler à quel point la vie à Hanoi peut faciliter la tâche que nous assumons : Hanoi s'impose en effet

Reproduction d'une des fresques décorant la Salle d'honneur. (A. Ponchin).

immédiatement à l'attention du visiteur comme possédant les principales caractéristiques d'une ville française. Gaie, propre, paisible, accueillante à tous, elle ajoute aux avantages d'une capitale administrative et économique, les charmes et les ressources d'une ville intellectuelle. Il n'est pas jusqu'aux indigènes, à l'aspect heureux et confiant, qui n'apportent le témoignage de leur bien-être aux bienfaits de l'action française.

RÉGIME DES ÉLÈVES ÉTRANGERS

Les élèves admis à titre d'étrangers sont internes et astreints aux mêmes règles que leurs camarades français. Ils sont répartis dans les classes selon leur âge et leurs connaissances. Ils prennent part à tous les exercices scolaires et participent entièrement à la vie de l'internat.

Le prix de la pension est celui du présent prospectus.

Au cas où des élèves d'origine américaine ou anglaise solliciteraient leur admission, le Proviseur se met à la disposition des familles pour les arrangements spéciaux qui pourraient être désirés. Le Lycée peut en effet disposer de quelques chambres particulières. D'une façon générale, il est cependant recommandé de choisir de préférence le régime commun à tous les internes.

INSCRIPTION

Les pièces à produire pour l'admission sont celles portées au prospectus auxquelles s'ajoutera la recommandation d'une personnalité marquante, d'une Ambassade, Légation ou Consulat. Cette recommandation est indispensable.

Dans tous les cas les postulants doivent s'adresser un assez long temps à l'avance au Proviseur du Lycée Albert Sarraut, qui instruit les demandes et les soumet à l'approbation du Directeur de l'Instruction publique.

18

TO FOREIGNERS

The Lycée Albert Sarraut is open to receive a few foreign pupils every year. The number of applications must be small and care shall be taken so as to admit only young men who are apt to derive profit from the training of French secondary education.

SECONDARY EDUCATION

This course of education is designed to impart an essentially intellectual and disinterested culture. The Lycée therefore is not an establishment where to send those who aim at nothing else than a rapid and practical knowledge of the French language for the sake of immediate use. Secondary education, to be judged by the latest reforms, is organized with a view to the selection and training of the children of France who, it is hoped, shall become some day the leading-men of the nation. Consequently the more imperious is it, when we open our schools to foreign chidren, that the latter should be related to people who sincerely wish for them a clear comprehension of French ideals, of French literary, moral and civilising genius. Such knowledge shall contribute to make people realize the part played by our country in the concert of nations, together with the reasons for the success of her colonial expansion. The Lycée Albert Sarraut endeavours to collaborate in the work of French propaganda in the Far-East by calling every year to the advantages of its education a few selected young foreigners provided with proper references.

LIVING IN HANOI

Living in Hanoi shall help us to no small extent in our assumed task. The town of Hanoi indeed vividly strikes the visitor as presenting the main features of a French city. Gay, clean, peace-

19

breathing, welcoming all, it has not only the advantages of a
political capital, but it also affords the charms and resources of
an intellectuel town. The very natives, looking so happy and trust-
ful, do bear witness to the beneficial results of French influence.

SCHOOL ARRANGEMENTS FOR FOREIGNERS

Foreigners admitted as boarders are submitted to the same ru-
les as their French comrades. They attend the classes with the
children of their âge, and according to their proficiency. They are
expected to partake of all the various exercises of school routine,
and to share entirely in the school life of the boarders. The fees
are those quoted in the present prospectus.

In case American or English children should apply for admission,
the Headmaster is willing to examine with the parents the way
of making such special arrangements as might be desired. The
Lycée can provide a few private bed-rooms. It is however recom-
mended to choose in preference the school arrangements common
to all.

REGISTERING

The official papers to be produced on registering a foreign pupil
are those mentioned in this prospectus. To which it is necessary to
add a reference from some well-known person, from an Embassy,
Legation or Consulate.

In all cases applications should be forwarded much beforehand
to the « Proviseur du Lycée Albert Sarraut » who shall instruct
and transmit them for approval to the « Directeur de l'Instruction publique en Indochine ».

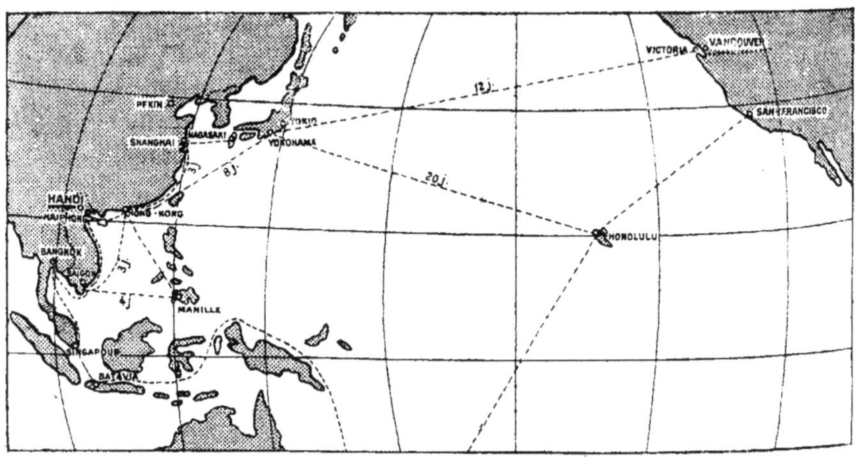

V. — SERVICE DE L'ÉCONOMAT

A. — FRAIS DE SCOLARITÉ

CLASSES		PAR MOIS	PAR TRIMESTRE	PAR ANNÉE SCOLAIRE (9 MOIS)	ABONNEMENT ANNUEL AUX LIVRES (FACULTATIF) EXTERNES SEULEMENT
Primaires : 11e à 7ᵉ		2 $ oo	6 $ oo	18 $ oo	3 oo
Secondaires	Sixième	5 oo	15 oo	45 oo	6 oo
	Cinquième	6 oo	18 oo	54 oo	—.
1ᵉʳ cycle	Quatrième	7 oo	21 oo	63 oo	—
A ou B	Troisième	8 oo	24 oo	72 oo	—
Seconde (A B. C. D)		9 oo	27 oo	81 oo	
Première (A B. C. D.)		10 oo	3o oo	90 oo	8 oo
Philosophie-Mathématiques		—	—	—	

FRAIS EN SUPPLÉMENT POUR
PENSION, DEMI-PENSION, EXTERNAT SURVEILLÉ

	PAR MOIS	PAR TRIMESTRE	PAR ANNÉE SCOLAIRE
Pension	28 $ oo	84 $ oo	252 $ oo
Demi pension	11 oo	33 oo	99 oo
Externat surveillé	2 oo	6 oo	18 oo

La présence simultanée de frères et sœurs au Lycée et dans les autres établissements scolaires de la colonie (élèves des classes non payantes exceptés) donne droit aux réductions suivantes sur les droits constatés du Lycée :

Pour 2 enfants. .. ..   réduction de 15 º/o
Pour 3 enfants. .. ..   —   25 º/o
Pour 4 enfants. .. ..   —   35 º/o
Pour 5 enfants. .. ..   —   45 º/o
et ainsi de suite en augmentant de 10 º/o par enfant

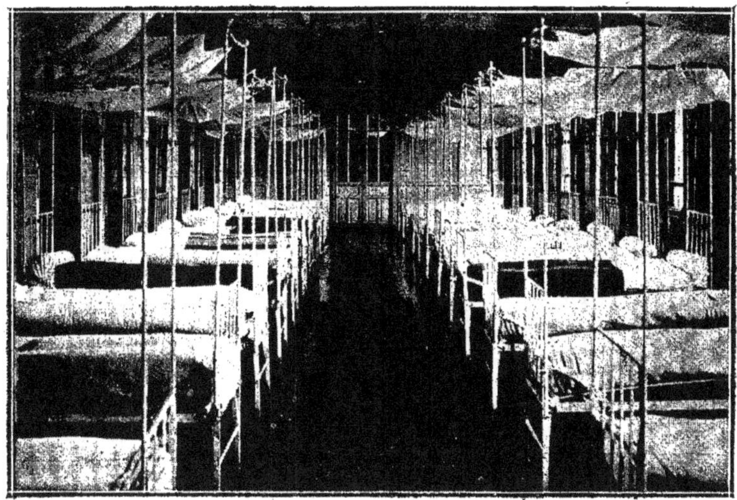

Un dortoir.

Le prêt des livres classiques est consenti aux externes dans la limite des disponibilités de la bibliothèque, après les pensionnaires et les demi-pensionnaires puisque le prêt des livres est compris dans les frais d'internat.

PAIEMENT DES FRAIS D'ÉTUDES

Ces frais sont payables d'avance les 15 septembre, 15 décembre, 15 mars. (art 85 du Statut du Lycée). L'Econome étant responsable du recouvrement des sommes dues au Lycée, (art. 16 du Statut *ne seront admis au Lycée ou autorisés à y continuer leurs études*, que les élèves pour lesquels les parents auront payé à ces différentes dates les sommes exigibles d'avance.

CALCUL DE LA PENSION

Tout nouvel élève doit la pension à partir du 1er jour du mois s'il entre dans la première quinzaine, à partir du 16 s'il entre dans la seconde.

REMISE DE DROIT

Tout trimestre commencé est dû en entier, et une remise ne peut être sollicitée que pour une absence d'au moins trente jours consécutifs, pour cause de maladie ou pour motif grave dont le Provi-

Bains douches.　　　　　Une cabine.

seur est juge. Dans le premier cas, la demande doit être accompagnée d'un certificat médical.

Un élève n'est définitivement rayé que lorsque la famille a fait connaître par écrit au Proviseur son intention de retirer son fils.

PAIEMENT PAR CORRESPONDANCE

Les familles qui n'habitent pas Hanoi sont autorisées à envoyer par la poste les sommes qu'elles doivent au Lycée, Les mandats-poste doivent être adressés à l'Econome par lettre recommandée, les billets de banque par lettres chargées avec déclaration du montant de l'envoi. Dans les quarante-huit heures, l'Econome envoie alors une quittance correspondante.

Les lettres et envois d'argent doivent arriver franco à l'Administration.

B. — INTERNAT. — TROUSSEAU

TROUSSEAU

Le trousseau d'un interne doit, dès son arrivée au Lycée, être complet, conformément à la nomenclature ci-après :

Dans le cas où il manquerait des effets, le Lycée se réserve le droit de les faire confectionner et de présenter la note du fournisseur à la famille ou au correspondant de l'élève de Hanoi.

Chaque interne doit, à son arrivée, fournir le trousseau suivant, marqué au numéro indiqué par l'Econome.

Le linge est blanchi et raccommodé ainsi que les vêtements blancs ou kaki.

a) *Linge et objets de toilette* :

12 chemises de jour en toile blanche (celles de couleur non admises).

4 complets pyjamas blancs (les chemises de nuit et les combinaisons ne sont pas admises).

6 faux-cols.

14 paires de chaussettes.

1 nécessaire de toilette, 1 peigne, 1 brosse à cheveux, 1 glace à main, 1 brosse à dents, 1 brosse à vêtements.

18 mouchoirs.

6 serviettes de table en tissu damassé (les serviettes en calicot ou en toile ne sont pas admises).

12 serviettes de toilette de o m 80 × o m 50.

2 peignoirs de bain en tissu éponge ou nid d'abeilles.

1 paire de sandales de bain.

3 tabliers en satinette noire pour les élèves âgés de moins de 13 ans).

1 sac à linge marqué au numéro de l'élève.

3 enveloppes de serviette.

3 paires de draps pour lit de 1 m. 40 de large et 2 m. 50 de long.

2 casques avec palmes métalliques mobiles.

1 chapeau en toile kaki (dit de boy-scout)

b) *Vêtements d'hiver.*

1 vêtement (pélerine ou pardessus) protégeant de la pluie et du froid.

1 costume de sortie en drap bleu marine, palmes or sur le col ou les revers.

2 costumes d'intérieur en drap à volonté, mais de bonne qualité

3 paires de chaussures noires ou jaunes.

c) *Vêtements d'été.*

4 costumes toile blanche, boutons mobiles et écussons de drap mobiles avec palmes.

4 costumes kaki.

2 paires chaussures blanches.

le tout de bonne qualité et chiffré au numéro attribué par l'Econome.

24

Un réfectoire.

Aucun objet de trousseau ne doit être remis au Lycée sans avoir été marqué du numéro de l'élève, donné par l'Econome.

Ce numéro devra être indiqué sur chaque effet d'une façon indélébile ou au moyen d'une broderie au fil rouge sur l'effet lui-même et non sur une pièce mobile.

Si un effet n'est pas marqué, l'Econome y fera apposer le numéro du trousseau au moyen d'un cachet à l'encre indélébile et aucune réclamation ne sera admise à ce sujet.

Chaque malle devra, à la rentrée, contenir une liste exacte des effets qui s'y trouvent, de façon à permettre une vérification rapide. Une formule spéciale devra être employée à ce sujet et sera envoyée aux familles.

Il est recommandé expressément de mettre à part, dans une valise ou sac, de façon à les avoir immédiatement sous la main, les objets ou effets dont l'élève a besoin dès son arrivée au Lycée : «effets nécessaires pour la nuit et les premiers jours, objets de toilette, etc . » Ces objets devront être inscrits dans une colonne spéciale dans la liste à fournir.

PERTES

Le Lycée décline toute responsabilité en cas de perte d'objets qui ne font pas partie du trousseau règlementaire et il est expressément recommandé aux familles de ne rien fournir à leurs enfants en dehors des effets prévus à la nomenclature ci-dessus. Les objets tels que : paletots, bottines, complets et chemises de fantaisie en tussor ou en soie de couleur, rayés, à carreaux, pyjamas, mouchoirs et chaussettes en soie, etc.. restent chez eux ou chez leurs correspondants. Mais l'Administration décline toute responsabilité au sujet de la perte ou de la détérioration de tous les objets semblables. Il en est de même pour les instruments de musique, d'escrime montres et bijoux, boîtes à compas, raquettes, ou articles de sport, etc...

Aucune réclamation ne sera admise à ce sujet.

ENTRETIEN. — RÉPARATIONS

En partant pour les grandes vacances, les pensionnaires doivent emporter tout leur trousseau et faire, chez eux, réparer, remettre à neuf ou compléter tout ce qui en a besoin.

Pendant la période scolaire le Lycée fera procéder aux menues réparations et à l'entretien courant du linge et des vêtements.

Pour les chaussures il sera procédé également aux petites réparations (ressemelage excepté) à la condition que l'élève possède dès la rentrée des grandes vacances les paires de chaussures règlementaires en bon état.

Pour les petites vacances (Jour de l'An, Têt, Pâques) les élèves, sauf autorisation spéciale de l'Administration collégiale, n'emporteront chez eux ou chez leurs correspondants que le linge qu'ils ont sur eux. Ils pourront emporter un complet d'intérieur en hiver, et un second costume de toile en été : aucune responsabilité ne pourrait, si cette consigne n'est pas rigoureusement observée, être assumée par l'Administration du Lycée, en cas de perte.

Foot-ball.

Les Arts.

VI. — RÈGLES DE DISCIPLINE INTÉRIEURE

CORRESPONDANCES DES ÉLÈVES

Les élèves correspondent librement avec leurs familles et avec les personnes autorisées par elles. Les lettres adressées aux élèves doivent être contresignées sur l'enveloppe pour en assurer l'authenticité. Toute lettre suspecte est ouverte et communiquée, s'il y a lieu, aux parents. Tout télégramme est remis *ouvert* à l'élève destinataire. De même tout paquet poste ou colis postal.

CORRESPONDANTS

Les parents qui n'habitent pas Hanoi doivent obligatoirement désigner un correspondant agréé par le Proviseur. Ce correspondant fait sortir l'élève et le reçoit, si pour un motif quelconque, cet élève est éloigné du Lycée.

PARLOIR

Les pensionnaires peuvent recevoir la visite de leurs parents ou des personnes autorisées par le Proviseur, sur la demande écrite des familles :

Les jours de classe : { de 16 h. 3o à 17 h. 3o en hiver. / de 17 h. à 18 h. en été.
le jeudi de 11 h. à 12 h. — Le dimanche de 8 h. à 12 heures.

SORTIES

Les sorties ont lieu tous les samedis à 17 heures ou les dimanches à 8 heures et à 13 heures. (La sortie du samedi est une faveur accordée aux élèves dont la moyenne des notes hebdomadaires est jugée suffisante). A moins qu'ils ne soient autorisés par leurs parents et par écrit, à sortir seuls, les élèves ne sont remis qu'à leurs parents, à leurs correspondants, ou à des personnes dignes de confiance, munies d'une autorisation signée d'eux. Ils doivent rentrer le soir avant 21 heures et remettre le bulletin de sortie signé de la personne qui les a fait sortir.

LIVRES ET PUBLICATIONS

Les externes ne doivent, sous aucun prétexte, faire de commissions pour les pensionnaires, porter des lettres, faire des achats, etc.. Les ventes ou échanges d'objets personnels sont formellement interdits.

Aucun livre, aucune publication, aucun dessin, ne doit être introduit au Lycée, sans être soumis au *visa* du Censeur. Tout livre, toute publication, tout dessin non revêtu de ce visa est confisqué.

LEÇONS PARTICULIÈRES ET ARTS D'AGRÉMENT

Sur la demande écrite des parents, le Proviseur autorise les élèves à prendre des leçons particulières. Elles sont payées directement par les familles aux professeurs qui les donnent et en fixent le prix. Il en est de même pour les leçons de musique, d'escrime, danse et natation. Les leçons d'art d'agrément sont prises le jeudi.

Toute famille qui fait admettre un enfant au Lycée, souscrit, par là même, aux conditions du présent prospectus et à toutes les dispositions du règlement de la maison.

Vu et approuvé :

Le Résident supérieur.
Directeur p. i. de l'Instruction publique,
Chevalier de la Légion d'honneur,
BLANCHARD DE LA BROSSE

Le Proviseur :
J. COQUELIN